DISCOVRS, SVR LE MARIAGE DE MONSEIGNEVR LE MARESCHAL DE CADENET,

& de Madamoiselle d'Ailly, Dame de Piquigny.

A PARIS,
Chez Michel Thevenin, rue de la Calandre, à l'enseigne de la Cloche.
M. DC. XX.

DISCOVRS,
SVR LE MARIAGE
DE MONSEIGNEVR LE
Mareschal de Cadenet, & de Madamoiselle d'Ailly, Dame de Piquigny.

E mariage ayant esté institué de Dieu dans le Paradis terrestre, apres la creation de l'homme & de la femme, dõt il voulut luy mesme estre le Paranymphe, & tous les Estats du monde estans composez de familles dressées par le mariage, qui est la seule machine de l'immortalité du genre humain apres la cheute de nos peres, & qui seul fait les iustes alliances, conionctions & parenteles, les enfans & successions legitimes: à bon droict les plus Sages Politiques se sont employez à bien faire telles conjonctions, qui sont les pepinieres des Republiques, desquel-

A ij

les depend entierement le malheur, où la felicité d'icelles. Et comme les grandes maisons sont les nerfs & la force de l'Estat, aussi les mariages sont les colomnes sur lesquelles est appuyée la grandeur de son edifice. Et pour ceste raison les grandes & illustres familles ne doibuent contracter mariage en ce Royaume, sans le vouloir & consentement du Prince, la prudence duquel esleuée comme sur vne haute sentinelle pouruoit à toutes les parties & necessitez de son Estat. Et souuent en leur faueur il les dispense de la generalité des loix, & leur permet d'establir des coustumes particulieres qu'il ratifie, lesquelles sont faictes par les chefs des familles pour la conseruation mutuelle de leurs biens, noms, & marques anciennes. Or ceft heureux mariage par lequel nostre excellente Nymphe passe en la noble maison d'Albert, n'est pas faict sans la permission de sa Majesté, mais a esté arresté par son commandement, ne dédaignant sa grandeur de procurer tout ensemble & l'honneur de son seruiteur tres-fidelle, le mariant en l'vne des plus anciennes maisons de son Royaume, & le bien d'vne ieune Dame, en la personne de laquelle reuiuent auiourd'huy tant de nobles deuanciers de la premiere maison de Picardie, qui se peut bien vanter d'estre aussi ancienne que ceste Monarchie Françoise, estant presque infinie, n'ayant iamais debondé de son premier lict, & fluant d'vne douce haleine de siecle en siecle iusques au nostre, qui renforce son cours soubs le vent de la grace Diuine, & par l'alliance bien-heureuse de ce braue & genereux Mareschal de France, auquel elle se lie. On dit des hommes nouueaux qui ont planté leur noblesse par la vertu, qu'ils sont tombez des Cieux; mais au contraire ie dy, que la maison d'Ailly est si ancienne & admirable en tant de faits heroïques que l'on n'en peut trouuer le bout, & la faut rapporter au Ciel si on n'en veut parler indignement. Elle est si antique & de temps tellement immemorable, que les escriuains n'ont encore sceu demeurer d'accord de son commencement, comme les habitans d'Ægypte ne se peuuēt resoudre de l'origine du Nil. Et comme le Grand Hercule engendra des enfans qui furēt liberateurs de la Grece & peuplerent les autres Regions de l'Europe & de l'Asie de villes infinies: Ainsi ceste maison d'Ailly a prouigné la Noblesse en Picardie & plusieurs autres Prouinces de la Chrestienté, a donné des Capitaines, Caualiers, Gouuerneurs & autres ornemens exquis à bonne partie de cest Estat, qui ont tonsiours esté les Astres benings & salutaires pour secourir les miserables & affligez, & qui ont plus de fois choqué les ennemis du nom François, & plus bataillé de batailles qu'on n'en pourroit escrire. Car outre infinies grandes maisons qui sont toutes sorties de celle d'Ailly & des Vidames d'Amiens, on sçait que ceste maison a esté alliée à celle de Chaulnes, de Vuarty, de Melun, de Creuecueur, de Bourgongne, de Bethune, de Raineual, de Piquigny, d'Eu, de Colligny, de Halluyn, de Monz, de Harcour de la Boissiere, & à plusieurs autres des plus illustres du Royaume. Mais qui est celuy qui ne sçache que Dame Iacqueline d'Ailly espousa Iean de Bourgongne, Comte d'Estampes & de Neuers, & qu'elle fut bis-ayeule maternelle du Roy Loys douziesme pere du peuple François, & la merutille des bons Rois ? De ceste pepiniere de Noblesse & de grandeur est descenduë nostre belle & genereuse Nymphe, laquelle a recueilly comme vne soigneuse abeille de tant de grands & magnanimes personnages le suc de leurs perfections, afin d'en tirer ce miel qui coule de sa bouche & de ses deportemens mi-partis de douceur & de grauité merueilleuse. Elle est le fruict d'vn arbre tres-excellent, metail d'vne bonne miniere, & ruisseau d'vne tres-bonne source, & comme elle a receu le sang de tant de maisons illustres, aussi a t'elle herité de leurs vertus, & cõme plusieurs riuieres se ioignans ensemble font vn grand fleuue : ainsi tant de maisons illustres ayant mis leurs belles qualitez en son ame, l'ont renduë accomplie en tous les dons de la nature. O qu'il est heureux qui sert fidelement vn si grand Roy que le nostre! puis que sa bonté paternelle sçait tellement aymer les siens qu'elle leur recerche des conditions qu'elle ne refuseroit pas pour ses proches parens. Tout ainsi doncq qu'au monde on voit la Lune s'approcher du Soleil, laissant aucunement la Region elementaire qui ressent vn merueilleux changement pour le declin de ceste lumiere, & tost apres l'accouplement du Soleil se remplir d'vne vertu celeste qu'elle rend à toutes choses inferieures. Ainsi nostre belle & chaste Diane rauie d'vn sainct Amour, & auiourd'huy vnie à ce lumineux Soleil de noblesse & vertu s'enflamme d'vne clarté diuine & force merueilleuse, & d'vne vigueur celeste qui fortifiera tellement sa maison paternelle, que ny la nature des choses mortelles, ny la malignité de l'enuie, ny l'inconstance de la fortune ne renuerseront & n'esbranleront iamais ses fondemens. Ce mariage estoit escrit au liure infallible de la preséence de Dieu: La vertu diuine plus forte que toutes les choses qui sont au monde n'assemble pas seulement les substances separées d'vn lien plus estroict, comme faict le ciment, la colle forte, les liens & le fer, la soudure & les nerfs: mais les vnit & incorpore de telle sorte qu'elles ne sont plus qu'vn corps, vne ame, & mesme volonté, & puis apres les vnit à soymesme par l'efficace de sa parolle, & de son nom ineffable. Les Rabins ont remarqué qu'aux deux noms Hebreux qui signifient

gnifient l'homme & la femme, se trouve le nom de Dieu, lequel retranché de ces deux mots, ne laisse plus que feu & fer: c'est à dire, discord & division, fascherie & tempeste, qui s'esloigneront loing de ceste heureuse conjonction, pource que ce couple excellent conseruera le nom de Dieu dans ses cœurs, lequel operera le merueilleux contentement, dont parle l'Escriture, le mary s'esjouira auec l'espouse de sa jeunesse, & son sein l'enyurera de ses douceurs en toute saison. Et d'autre costé, l'Espouse ira se baignant en l'amour de son Espoux tous les jours de sa vie. Car puis qu'vne celeste Androgyne a si sainctement lié les volontés de ces deux beaux Amans si parfaicts & accomplis en toute chose, ce seroit comme vn sacrilege de craindre qu'ils se peussent retirer de l'autheur de leurs perfections, qui sont si rares & esclattantes qu'elles esblouïssent non seulement les yeux du corps, mais aussi de l'entendement le plus eminent & releué. Qui seroit le Scyte & le Tartare, qui ne s'estonneroit à la rencontre de nostre diuine Charite toute rayonnante en esclairs de vertus? Elle n'est pas seulement mer-

B

ueilleuse en grandeur de corps par-dessus son âge, mais encore plus en excellence d'esprit & d'entendement, comme celle qui a toutes les vertus de son pere & de sa mere infuses dãs son ame; Vertus qui ont esté cultiuees par vne nourriture diligente & accomplie, si iamais il en fut: & comme elle est seule heritiere d'vne si grande & illustre maison, aussi elle surpasse en richesse d'esprit l'opulence, que tant de Nobles ayeuls ont laissée, si bien qu'elle cõble la France d'admiration cõme vn miracle de nature, & nous laisse doubter si vn esprit humain ou diuin habite dans son corps, ou s'il est meslé de l'vn ou de l'autre, pource qu'elle n'a point de qualités vulgaires, mais plus augustes & releuees que celles des autres filles de son rãg. Qui s'estonnera donc si comme l'Aimant attire à soy le fer, ceste gratieuse Nymphe s'est ioinãte vne si excellente moitié?

C'est cet esprit rare présent des Cieux,
Dont la beauté de cent graces pourueuë,
Perce son ame, & son cœur & ses yeux,
Par les rayons de sa poignante veuë.

I'admire en elle vn port humain, vne grace accomplie, vn esprit vif, & vn parler gracieux, vn haut penser & vn silence honeste, elle a l'honneur engraué dessus la face. Mais son front graué de douce Maiesté qui feroit honte à l'Aurore dont est redoré le matin, ne la rend pas si belle que la blācheur & pureté de son ame enflammée d'vn sainct & pudique amour qu'elle porte aux vertus heroïques de celuy que Dieu luy a destiné pour mary. Le vertueux amour est la Meduse dont elle trāsforme en pierres tous les monstres des vices.

 Ie ne sçay quelle audace
 Se lit dessus sa face,
 Auec vne douceur
 Qu'on y voit apparoistre,
 Qui faict asses cognoistre
 La grandeur de son cœur.

Ce n'est rien de la beauté exterieure de son corps au prix des vertus & perfections de son esprit.

 La chasteté qui faict trembler l'Amour est peinte sur sa face: elle sera plus soigneuse de son lict, & beaucoup plus heureusement que ne furent iamais ny Lucrée, ny Penelope, tant vantees par les Romains & les Grecs, & sera plus loyalle

B ij

en l'amitié de son mary, que la tant re-
nommée Alceste.

Comment seroit-elle autre? elle est
née d'vne sage & vertueuse mere, & soi-
gneusement esleuée en son sein, & abreu-
uée d'vne saincte nourriture, & de toutes
les plus gentilles conditions & qualités
qu'vne fille de son rang sçauroit auoir.
Elle est si heureusement tournée aux
mœurs & discours d'vne si sage gouuer-
nante, qu'il ne s'est passé iour qu'elle n'ait
ouy parler de la vertu de celles qui tousiours ont combatu le vice & les delices.

Afin que dés l'enfance vne ame si diuine,
Succast comme du laict vne saincte doctrine.
Tout ainsi sa Diane aduertissoit Latonne,
Tout ainsi Mnemosyne enseignoit sa mignonne,
Sa mignonne Thalye, & d'vne douce voix
Luy descriuoit les mœurs des peuples & des
  Rois.

Et maintenant elle a quasi tousiours les
liures en la main pour apprēdre les moyēs
de cōplaire à celuy que la faueur du Ciel
luy a donné pour le salaire de ses belles &
rares conditions: Mary que l'on peut aussi
dire auoir pour recompense de ses heroïques vertus vne telle compagne que vous

(ô tres-belle & tres-chaste Diane) en la prudence & fidelité de laquelle reposeront desormais ses plus intimes & secrettes pensées, & qui conioincte en toutes fortunes immortaliserez par vostre fecondité sa maison tres-noble & tres-illustre.

Ainsi le Ciel voulut à sa naissance
Du plus diuin de ses affections
Par l'Allambic de vos perfections
Tirer d'amour vne cinquiesme essence.

S'il est ainsi que les heureux mariages viennent des Cieux, ce noble & genereux Seigneur ne pouuoit trouuer vne plus digne recompense de sa vertu, que vous (ô belle Nymphe) vous serez desormais seule la saincte intelligence qui ferés mouuoir la Sphere de sa vie, vous serez le centre où se rapportera la circonference de ses esprits.

Et prenant de vous sa vie,
Il n'aura iamais enuie
De partir de vostre sein,
Et de baiser vostre bouche,
De gesir en vostre couche,
Sera son bien souuerain.

Belle & gentille pucelle, voicy le temps

que vous deuez perdre vostre nom par vne saincte flamme, qui vous faict la moitié de l'vn des plus nobles & illustres Seigneurs de ce Royaume.

Il est d'vn entendement fort, & le met-on à bon droict au rang des plus accors & aduisez. Il a vne volonté iuste & droite, vne parole gracieuse & courtoise, vn marcher braue sans orgueil, & des vertus non affectees & sans déguisement. Son visage reluit d'vne honneste pudeur, & d'vne vigueur doucement agreable. Il tient du vieillard en grauité, & son bras vigoureux par sa valeur faict bien recognoistre sa ieunesse beaucoup plus redoutable au combat que n'est vn fier Gelon. Son cœur est magnanime, animé d'vne viue force de feu, qui le faict autant plus estimer entre les François, que ne furent iamais Achilles & Castor entre les Grecs.

Et du ieune Apollon la blonde cheuelure,
Cede en tout & par tout à l'exquise parure,
Qui reluit sur son front esclattant de rayons
D'honeur & de beauté, que les viuans crayons
Du subtil Appelles, & toute la peinture,
Ne sçauroient exprimer au vif de la nature.

Il n'est pas facile à iuger qui a des char-

mes plus puisans, ou la beauté des vertus
de son ame, ou la vertu des beautez de
son corps.

Car de visage il est à quelque Dieu semblable,
Lequel luy a soufflé sa perruque honorable,
Sa ionüence empourprée, & les riches honneurs
De ses yeux enchanteurs, des volontez Sei-
gneurs :
Tout ainsi que les mains adioustent à l'yuoire
L'ornement precieux, & que l'or est la gloire
D'vne pierre vermeille, ou du plus fin argent,
Qu'en œuure met la main de l'ouurier diligent.

Ce ieune & vigoureux Seigneur, est-il
inferieur à quelqu'vn de son rang en ad-
dresse & agilité de corps? Quel Prince est
mieux à cheual que luy? & qui est celuy
de toute la Cour qui ait le mieux appris,

Le bel art qui admoneste
L'esprit de la fiere beste
Se rendre docile au frein?

Tant de belles Nymphes de tous costez
des plus grandes & illustres maisons de ce
Royaume; tant de douces Syrennes ont
tasché de l'auoir par toutes les adulatiós &
artifices qu'il est possible d'imaginer. Aussi
qui seroit la Dame bien née qui ne seroit

espirse de son amour, ayant vne âme braue
& genereuse, qui ne met point sa gloire à nonchaloir, vn naturel si poli, & des
mœurs si agreablement composees, qu'en
les racontant ce ne peut estre que loüan-
ge toute entiere, où la feintise ne trouue
point de place, où l'ô ne laisse rien en arrie-
re, & où le simple recit estonne l'auditeur
de ses rares merueilles.

Bref, si quelque mortel fauory de Cyprine,
Espousoit la Vertu, sa maistresse diuine,
Il n'en pourroit tirer vn enfant plus parfaict,
Qu'est ce ieune seigneur, que le grãd Ciel a fait.

Se veid il iamais vn ieune homme plus
sage, & retenu en cest âge & fortune, qui
mieux supportast les trauaux, qui mieux
dôptast les delices & voluptez, qui fust plus
courtois & gracieux à ses égaux, & mo-
deré parmy les vieux? Il est aduisé comme le Serpent, & doux ainsi que la Co-
lombe; Il est si prudent qu'il ne se laisse
iamais prendre aux embusches d'autruy,
& neantmoins il sçait traicter les gens de
bien sans fard & sans feintise.

Ceux qui frequentent ce genereux Ca-
ualier, disent qu'il n'est ny moqueur, ny
vanteur,

vanteur & que tous ſes amis & voiſins ſe rapportent tous les iours au iugement de ſa iuſtice, en matiere de leurs differends.

C'eſt merueille de voir en tel âge vn homme ſi accomply, qui ſemble meſurer ſa vie par compas, qui ne peut dire bien ſans le faire, qui ne peut ſupporter ny penſer vne vilaine choſe.

Voila les vrais crayons dont il faut dépeindre vn tel homme que luy. La Nobleſſe & les biens ne ſont que miniſtres ou vaſſaux de la vertu : c'eſt la Dame de fief qui les tient en ſa riche directe: ſes vertus ſont les grandeurs & richeſſes dont il ſe veut preualoir en vn ſiecle qui leur eſt ſi contraire; & d'autant qu'elles ſe trouuent plus rares, elles eſtiment eſtre plus excellentes, & deuoir remporter le los & le prix de leur âge.

C'eſt pourquoy Dieu qui eſt iuſte guerdonneur des gens de bien l'a grandement eſleué à vne telle fortune pour aduancer les ſiens, pource qu'il a touſiours aſſiſté fauorablement tous ceux qui ont eu recours à luy, & leur a tendu ſa dextre ſecourable. O que c'eſt vne belle choſe d'vſer en cela de la faueur du Prince, & d'ex-

C

perimenter son credit par les biens & les honneurs d'autruy! Il n'est pas de ceux qui pensent leur puissance legere & chetiue sans iniure, arrogance & orgueil; & n'estime pas la faueur & l'authorité si glorieuse que l'amitié des gens de bien. Il n'est pas du naturel de ceux qui aspres de la langue & fascheux de visage estallent leur fortune auec enuie, & a ce bon-heur d'auoir l'amour & la bonne grace de tout le monde, pource qu'il ne refuse rien à personne du monde. Il reçoit beaucoup plus de contentement du plaisir qu'il fait, que ceux qui l'ont receu de luy, & pense que ceux qu'il oblige sont faits ses parens de cœur & d'affection. Qui ne conjouïroit à la grandeur & prosperité d'vn tel personnage, qui pense n'estre nay que pour le bien de tous, qui apporte tousiours de la chaleur au Prince pour bié faire à quelqu'vn, & inciter par bien-faicts la mediocrité de quelque homme de bien? Qui estime perdre les premiers plaisirs qu'il a faits, s'il n'en refait tous les iours de nouueaux, & croit fermement que tout le fruict de sa bonne fortune est de pouuoir faire plaisir à tout le monde? En quoy vrayement il monstre bien entendre le vray vsage de la prosperité, & qu'il a vne prudence à l'antique, de tenir pour grand profit le bien qu'il a fait aux hommes de merite, Il ne trouue point de meilleur moyen d'entretenir ses biens-faits qu'en les augmentant tous les iours. C'est vn personnage qui pense faire peu d'aider vn particulier de ses faueurs : les Villes & les Prouinces entieres sont les trophees de sa bonté, & la perfection d'vne liberalité luy est le commencement d'vne nouuelle, & son ame remplie de courtoisie n'estime pas qu'il y ait autre felicité en la grandeur que de rendre les gens de bien heureux.

Lequel de nos François a pris la hardiesse
De s'addresser à luy, que sa prompte allegresse
Doucement n'ait receu, & ne luy ait monstré
Qu'il auoit vn Amy tres-humain rencontré?
S'il cognoit seulement qu'il porte sur la face
Quelques traicts vertueux, il luy monstre sa grace,
Et l'aduance par tout, & ce qui est meilleur
Que son aduancement, il l'aime de bon cœur.

Qui pourroit donc exprimer la felicité de nostre belle Nymphe? Qui pourroit raconter le contentemēt de son ame, d'e-

C ij

ſtre la moitié d'vn Seigneur ſi braue & gẽ-
nereux? & qui pourroit conceuoir les vi-
ues apprehenſions de ſon eſprit, ſe pour-
menant ſur le champ de tant de diuines
vertus d'vne ſi longue & ſi large eſtéduë?

 Il ſera, & n'en doubtez point (ô belle
Deeſſe) il ſera conſtant en ſes affections,
& ſemblable au Diamant, qui ſe rompt
pluſtoſt ſous le cizeau, que de ſouffrir vne
nouuelle forme.

 Voſtre Eſpoux à l'ame telle,
Qu'il ne voudroit pour mourir,
A ſa Dame eſtre infidelle:
Et mieux aimeroit courir
Dans le fleuue Acherontide,
Où toute angoiſſe reſide;
Que de ſonger ſeulement
A changer ſon cœur de roche,
Qui ſi prés de vous approche,
Qu'il ne peut viure autrement.

 Comme on voit la vigne lente
Si fort à l'orme tenante:
Voſtre Eſpoux tout en la ſorte
S'enlacera doucement
D'vne grace bien accorte
Dedans voſtre embraſſement.

Ceſte alliance donc ne peut eſtre que

tres-heureuse, & l'accointance de deux si rares moitiez nous fera naistre des Anges, & changera la terre en des sieges celestes, pource qu'elle y plantera vn nombre de demy-Dieux inuincibles qui feront de grands biens à la France, & la preserueront de mal & d'infortune. Qe l'Ange conducteur & Sanctificateur des nopces du ieune Tobie les conduise & sanctifie en ce sainct mariage, pour auoir longuement prosperé leur maison en tous biens, les ramener autant enrichis de graces spirituelles en la maison eternelle. Que la chaste Venus auec ses petits amoureaux, voletent sans cesse à l'entour de leur couche. Qu'ils soient desormains cōme deux Paralydes qui viuent & meurēt dans vne mesme flamme, & que ce sainct Hymen les ceigne de chaisnes eternelles.

Consommez peu à peu
Vos nopces ordonnees
Sans esteindre le feu
De vos amours bien nées.
La chaste Cyprienne
Ayant son demy-ceint,
Auec les graces vienne
Aider à l'œuure sainct.

Accourre promptement à la nuict de ces nopces heureuses Hymé chaussé de brodequins, & garni de ses torches fumeuses, y accourrent auec luy, les graces auec leurs fleurs & Myrtes, leurs lys & leurs œillets: y accourre la Concorde, & enuironne le chef de ces deux beaux Amans d'vne double Couronne: y accoure toute la troupe des Amoureaux beaux pages de Cypris pour disposer l'ordre des flambeaux, orner les salles de tapisseries, & parfumer les chambres d'ambrosines odeurs, & pour dresser le lict où se fera la saincte geniture de tant de demy-Dieux, grand mystere d'Amour, & pour respandre dessus vn millió de fleurs que le froid ne ternisse, & que l'ardeur du chaud ne puisse tourner en poussiere, & qui rougissent à iamais de l'honneur du printemps.

D'œillets nourris du suc des eaües Aganippees,
Et de roses au fond de Permesse trempees:
Dont le troupeau doré des bourdons Hybleans
Au laboureur soigneux rẽd le miel en son tẽps.

Or sus voila le lict tout prest, & desia nostre Nymphe couure son front d'vne pudeur soucieuse: il est temps de se retirer, & de benir ceste belle & saincte compagnie.

Que le ventre bien-toſt puiſſe à l'Eſpouſe en-
fler,
Et qu'vn petit d'Albert d'Ailli vienne ſifler
Autour de ſes ayeuls, & par douce careſſe
Leur charmer le chagrin de la morne vieilleſſe.
Qu'il accroiſſe leurs iours d'vn ſiecle tout
entier,
Et qu'au bout d'vn autre an, vn nouuel he-
ritier
Vous face recercher le ſecours de Lucine,
Que douze mois apres vous donnent l'origine
D'vn vaillant Achilles, ou bien d'vn preux
Hector
Qui puiſſe eſtre à la France en ſes maux vn
Caſtor:
Et qu'au bout de cent ans, Amans, Dieu vous
conduiſe
Enſemble doucement au Paradis d'Eliſe,
Sans vous faire ſentir des Parques le cizeau,
Ni cognoiſtre Caron, ſon onde, & ſon batteau.

F I N.

www.ingramcontent.com/pod-product-compliance
Lightning Source LLC
Chambersburg PA
CBHW070453080426
42451CB00025B/2721